KB141655

인생을 바꾸는

책 쓰기

글 성수연

곰단지

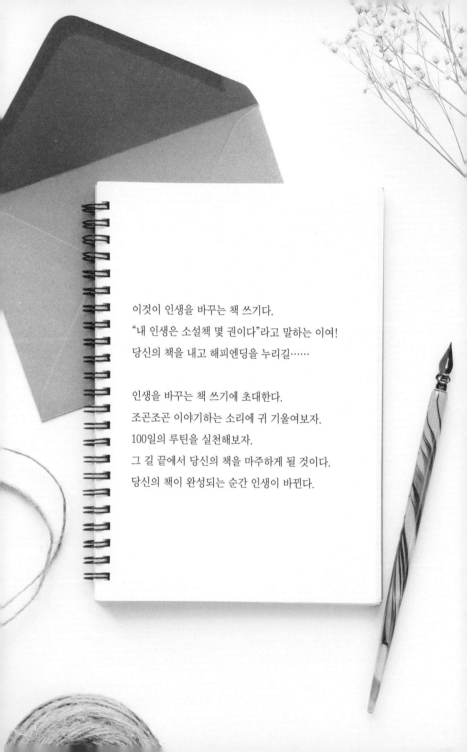

이것이 인생을 바꾸는 책 쓰기다.
"내 인생은 소설책 몇 권이다"라고 말하는 이여!
당신의 책을 내고 해피엔딩을 누리길……

인생을 바꾸는 책 쓰기에 초대한다.
조곤조곤 이야기하는 소리에 귀 기울여보자.
100일의 루틴을 실천해보자.
그 길 끝에서 당신의 책을 마주하게 될 것이다.
당신의 책이 완성되는 순간 인생이 바뀐다.

인생을 바꾸어 드립니다

당신이 원하는 책은 무엇인가

출판 강의를 시작한 지 7년째, '인생을 바꾸는 책 쓰기'라는 거창한 타이틀을 내세우곤 강의의 무게감을 감당하고자 더 많은 공부를 하게 되었다. '꼭 필요한 출판!'이라서 '꼭 실천할 방법'을 알려주고 싶었다. 많은 분이 각양각색의 책을 출판하고 싶어 했다. 문학소녀로 꿈을 키웠던 분은 정년퇴직 선물로 본인에게 시집을 선물하였고, 여행을 좋아하는 청년은 여행 가기 전 가이드북을 손수 만들어 가지고 갔다. 유명 연예인을 좋아하는 간호사는 혼자만의 팬북을 만들어 간직하였다.

졸업하고는 한 번도 만져본 적 없다는 물감으로 한 장

한 장 그린 그림은 어린 시절의 모습을 간직한 그림책이 되었다. 한번은 이주여성들과 함께 그림책을 출판하였는데 처음엔 한글을 잘 알지 못하는 이들과 그림책을 만들 수 있을까? 걱정하였지만 그 우려도 잠시…… 너무나도 소중한 그림책 12권이 탄생하였다. 이들은 자신만의 그림책을 책꽂이 중앙에 세워두었다.

이 책에는 그동안 읽고 만난 책과 작가들의 이야기가 들어있다. 기억의 오류가 있을 수 있기에 구체적인 이름을 언급하진 않았으나, 이 책이 나오기까지 가장 큰 힘이 되었음에 감사를 드리며, 또한 책에 언급함에 미리 동의를 구하지 못한 점에 무한한 이해를 바란다.

이 책은 '인생을 바꾸는 책 쓰기'의 여러 방법을 안내한다. 단 한 번도 자신의 이야기를 써보지 않은 분이라도 이 책의 안내에 따라 함께 걷다 보면 그 끝에는 당신의 '인생을 바꾸는 책'이 탄생할 것이다.

2022년 9월
성수연

차례

제1장

사랑,
인생을 살피자

01 낙서 속

한참 전 이야기를 해보려고 한다. 다른 이들의 책을 출판해주는 일에만 매여있을 때의 이야기다. 지금도 내 책을 내지 못한 것은 다름이 없으나 그 시절에는 내 책을 내는 것이 꼭 필요한 일이라고 생각하지 못할 때의 일이다. 책한 권을 출판하는 데 적게는 수백만 원에서 수천만 원이 들어가는 시절이었기에 내 책을 내기엔 꿈꾸기 어려운 시절이었다.

어느 날, 한 분이 정성스레 그린 아이의 그림을 가지고 찾아와서 아이의 그림책을 내겠다고 하였다. 아이는 4학년이었고 〈요리사가 된 임금님〉이라는 제목이었다. 20장 정도의 그림에 펼쳐진 이야기는 왕비님을 무척이나 사랑하는 임금님이 맛있는 것을 좋아하는 왕비님을 위해 맛있는 요리를 만들어주는 이야기이다. 맛있는 요리를 맛있게 먹는 왕비님은 책의 마지막 즈음에는 흠…… 흐……. 통통하게 변해있었다. 20권의 책을 적은 비용으로 만들어드렸기에 그분은 무척이나 만족하셨고, 딸과 함께 그림책을 만드는 아버지의 모습이 오래 기억에 남았다.

다음 해가 되어 소량 출판의 길이 여러모로 생겨나고 있을 때 그 아버지는 다시 출판사에 찾아왔다. 〈트레이너가 된 임금님〉이라는 그림책을 내기 위해서이다. 지난 그림책에서 통통해진 왕비님을 위해 임금님은 헬스트레이너가 되어 운동을 도와주었다. 소량 제작한 책을 출판하여 가족, 지인과 나누고 서로 행복한 시간을 공유하고 있다고 근황을 전해왔다.

이런 책이라면 누구나 만들 수 있지 않을까? 하여 그 당시 2학년이던 아들에게 그리고 싶은 그림을 그려보라고 했다. 놀라운 건 한글 프로그램으로 캐릭터를 만들었는데 그 솜씨가 대단했다. 〈나만의 캐릭터 북〉이라고 제목 짓고 몇 권의 책을 만들어 선물해주었다. 아들은 할아버지와 할머니, 그리고 친구들에게 자랑하며 좋아했다.

누구나 원한다면 책을 출판할 수 있겠구나! 유명하지 않아도 성공하지 않았어도 어린아이라도 누구나 직접 그림을 그리고 글을 써서 책을 내게 도와주고 싶은 욕심을 갖게 되었다. 진주에 내려와 어린아이들에게 그림책을 만들 수 있는 교육 프로그램을 만들었고 〈누구나 책을 만들 수 있게〉라는 소망에 성큼 다가서게 되었다. 어린아이와 청소년, 이주여성, 노인, 장애우 가족, 호스피스 병동의 환우 등 지난 5년간 함께 만든 책이 500여 권에 달한다. 그 책을 모아 〈나만의 출판전시회〉를 기획하여 2차례 기획전을 열기도 하였다. 누구나 책을 통해 자기만의 이야기를 할 수 있기를 바라면서 진행된 일이 성과를 보인 것이다.

책을 낸다는 것은 어마어마한 일이었다. 수천 권의 책이 꽂혀있는 책장에 내 책이 있다는 것은 1,000권의 책을 읽은 것만큼이나 특별한 일이다. 함께한 많은 이들은 이구동성으로 말한다. 참으로 멋진 경험이라고. 그리고 특별한 일이라고 말이다.

그림책을 만들면서 그 과정이 특별한 적이 많았다. 한 초등학생의 이야기를 해주고 싶다. 그 아이는 4학년 남학생인데 또래 아이보다 덩치가 무척이나 크지만, 말수는 적고 늘 기가 죽어있었다. 그 아이의 그림책에 나오는 루피라는 캐릭터는 외계인이다. 루피는 어느 날 불시착하여 지구에 떨어졌고 학교에 다니게 되었다. 힘이 무척이나 센 루피는 조금만 움직여도 건물이 부서졌다. 그러면서 선생님과 살짝 부딪쳤는데 그 선생님이 죽게 되었다. 루피는 혼자가 되었고 슬펐다. 그런데 그때 나쁜 외계인이 쳐들어 왔고 사람들을 마구 죽이고 있었다. 지구를 구할 수 있는 것은 오직 루피뿐이었다. 루피는 자기를 미워하는 친구들 이었지만 그래도 지구를 지키기 위해 외계인과 싸웠고 이 겨서 외계인을 쫓아냈다. 그 후로 사람들은 루피를 영웅으 로 좋아했다. 하지만 루피는 선생님을 죽게 한 것이 생각 나서 다시 고향별로 돌아간다는 이야기이다. 돌아간 고향 별에서는 루피는 나이도 먹지 않았고 예전 어린 시절 그대 로라고 한다.

이 이야기가 어디 초등학생의 이야기인가? 이 친구는 또 래보다 큰 덩치 때문에 선생님과 친구들에게 오해를 많이 받고 놀림도 많이 받았다고 한다. 이 책을 쓴 후에 친구들 과 사이가 좋아지고 학교생활도 재밌다고 하니 놀라운 일 이 아닌가? 인생을 바꾼 것이다.

이야말로 〈인생을 바꾸는 책 쓰기〉에서 하고 싶은 이야 기의 핵심이다. 책 쓰기는 제단을 쌓는 일처럼 한번 쌓은 제단은 무너지거나 사라지지 않는다. 자신의 이야기를 정 의하고 이해하고 나면 분명 그 이전으로 돌아가지 않는다. 외계인 루피는 자신의 고향으로 돌아갔다. 다시 어린 시절 루피로 돌아갔지만 연약하고 휘청이던 마음은 이제는 존재하지 않는다.

당신의 책을 위해 용기를 내보기를…… 당신의 인생을 바꾸기 위해 펜을 들기를…… 당신의 인생이 바뀌는 시간이 되길 바란다.

커다란 도화지와 크레파스를 준비해보자. 도화지는 팔이 마구 흔들어도 넘치지 않을 정도로 좀 크다 싶으면 좋겠다. 크레파스는 24색 이상으로 손에 묻지 않는 크레파스면 더욱 좋다.

"우리는 이제 인생을 바꿀 거예요."

편한 복장으로 갈아입고 책상 위에는 하얀 도화지만 올려놓는다. 정갈하게 무지갯빛으로 빛나는 크레파스 뚜껑을 연다. 얼마나 아름다운 색이 웃고 있는가? 눈에 띄는 색을 한 개 골라 든다. 다만, 검은색이나 회색, 흰색처럼 무채색은 고르지 않길 바란다. 마음에 드는 색 크레파스를 잡아본다. 손안에 쏙 들어가는 크기의 크레파스를 젓가락질 못 하는 세 살 어린아이가 쥐듯이 잡아본다. 어색하지만 뭉툭한 손바닥의 느낌이 느껴질 것이다.

"자, 지금부터 낙서하기 시작합니다."

규칙이 있다. 낙서는 색칠하기가 아니다. 위부터 아래로 차례로 가득 채우는 색칠하기를 하는 것이 아니다. 자유롭게 몸의 흔들림에 맡겨보고 팔을 흔들 듯이 낙서를 한다. 어느 할머니가 말씀하셨다. "지금 나한테 팔운동 시키는 거가?" 뭐, 팔운동이라 생각해도 된다.

두 번째 규칙은 무언가 그리려고 하면 안 된다는 것이다. 그림을 잘 그리는 전공자들의 경우에 무언가 그리려고 한다. 낙서는 낙서일 뿐이다. 이 두 가지 규칙을 지켜 낙서를 시작한다. 집중되지 않는 분이 있다면 눈을 감고 그려도 된다.

낙서를 시작하면 대부분 사람이 처음에는 멈칫한다. 어린아이들은 쉽게 낙서에 몰입하여 시간이 조금 지나면 키득키득 웃음소리가 들려온다. 하지만 나이가 들수록 낙서에 몰입이 쉽지 않다. 낙서는 5분 정도 도화지가 가득 찰 정도로 해본다.

"와~ 스트레스 확 풀려요!" 8살 아이가 스트레스가 엄청나게 쌓였던 것처럼 신나서 소리를 지른다. 심지어 어떤 아이는 얼마나 세게 그렸는지 도화지가 너덜너덜해졌다. 어떤 이의 낙서는 천둥 같고 어떤 이의 낙서는 아지랑이

같다. 가끔 눈을 감고도 도화지의 반의반도 채우지 못하는 경우가 생기곤 한다. 그렇다고 멈추어선 안 된다.

처음 무언가 손에 잡았던 3살 때를 기억해보자. 생각나지 않는다면 5살, 7살도 좋다. 하얀 회벽에 부지깽이 끝으로 낙서한 기억이 있다. 엄마는 딸 일곱의 낙서가 반가울 리 없었으리라. 내가 한 낙서는 하루가 못 가서 지워지기에 십상이었다. 어느 구석인가 했던 낙서가 해가 지나고도 남아있을 때 기분좋아 키득거리던 것이 생각난다.

오늘보다 하루라도 어린 시절을 떠올려보자. 살던 곳을 떠올리고 만난 사람들을 떠올려보자. 낙서하는 팔이 춤을 출 것이다. 어려서 낙서를 잘했으면 훌륭한 예술가가 되었을 것이다. 지금 낙서를 잘하면 아주 멋진 그림책을 만들 수 있다. 자신한다. 출판을 도와준 500여 권의 그림책이 그걸 증명하기 때문이다.

이제 낙서를 시작할까요?

도화지를 가득 채운 낙서를 바라보세요.

양팔을 펴서 도화지를 들고 바라보세요.
어때 보여요?
낙서하는 동안 느낌이 어땠나요?
어떤 기억이 떠올랐나요?
눈앞에 보이는 낙서를 바라보니 어떤 느낌이 드나요?
낙서가 무엇처럼 보이나요?

제목 짓기

책을 출판하면서 시작부터 마지막까지 하는 고민이 책 제목을 정하는 것이다. 책 제목은 책의 얼굴과도 같은 것이다. 책의 내용만큼이나 중요한 부분이다. 책 제목뿐만 아니라 장 제목이나 소제목을 정할 때도 고민되기는 마찬가지다.

어디 책뿐이겠는가? 예술작품도 제목이 있다. 어느 작가의 전시회에 가보니 커다란 벽면을 가득 채울 정도로 큰 캔버스에 푸른색이 가득 차 있다. 제목은 '블루'. 그 작가의 그림 가격은 어마어마하게 비쌌던 것 같다. 그 그림을 보면서 '블루'라는 단어가 색으로 다가왔다.

사람들은 누구나 이름이 있다. 그 이름대로 산다는 얘기를 하곤 한다. 우리 인생에 주어진 제목인지도 모른다.

김춘수 님의 시 '꽃'에 '내가 그의 이름을 불러주었을 때,

그는 나에게로 와서 꽃이 되었다.'를 기억한다. 이름을 정하여 불러주면 그는 나에게로 와서 꽃이 된다. 이렇게 제목을 정하는 것이 어쩌면 책의 가장 중요한 시작일지도 모른다. 당신의 인생을 바꾸는 책 쓰기의 시작, 낙서하기에서 제목 정하는 연습을 시작하려 한다.

제목을 정할 때는 보이는 대로 느껴지는 대로 생각나는 대로 좋아하는 대로 마음대로 지으면 된다. 당신의 낙서 제목은 무엇인가? 낙서 옆에 제목을 쓴다. 그리고 날짜와 사인을 한다. 순간 낙서는 작품이 되었다. 제목대로 나에게로 와서 꽃이 된다.

낙서를 사진 찍어 붙이고 제목을 씁니다.

제목은 무엇인가요?

낙서한 날짜를 적습니다.

이름을 적습니다. 필명도 좋습니다.

낙서하면서 느끼고 떠오른 생각들을 적어둡니다.

02 인생 단어

요즘처럼 출판이 쉬워진 적이 또 있을까? 책이 참으로 흔하다. 도서관이고 서점이고 심지어 스마트폰의 어플 속에도 책이 있다. 책을 내기도 참 쉽다. 그래서 '시를 읽는 사람보다 시인이 더 많다'라는 우스갯소리도 있지 않은가.

그 많은 책을 더듬어 읽다 보면 나와 딱! 맞는 책을 찾을 법도 한데 여전히 나의 이야기라기에는 2% 부족하다. 그래서 우리는 나의 이야기를 책으로 쓸 수밖에 없는 것이다. 나의 이야기는 오직 나만이 정의할 수 있기 때문이다.

반평생을 인쇄업을 하시는 대표님을 만난 적이 있다. 그분은 인생 역사를 되짚어보시며

"30년 전에도 종이가 없어진다고 했어요. 그런데 여전히 인쇄물은 늘어나죠." 말한다.

"네 맞아요. 종이책이 사라질 거라 말했는데 여전히 종이책은 출판되고 있지요."

종이책이 여전히 우리 손에 펼쳐진다. 한 장 한 장을 넘기면서 읽는 공간과 시간의 에너지가 흡수되는 순간. 그 순간을 위해 고귀한 인생의 이야기를 엮어보길 바란다. 당신의 이야기에 98% 흡수해오는 독자를 만난다면 그가 바로 '벗'이리라.

아주 유명한 작가 중에서도 첫 번째 책보다 더 나은 책을 내지 못하는 사람이 많다고 한다. 첫 책에는 한평생의 농밀한 이야기가 펼쳐지는데 어찌 진국이 아닐까. 그래서 첫 책은 무조건 내보라고 말하고 싶다. 어떻게 써도 진국일 테니까 말이다. 그리고서 더 나은 이야기가 더 펼쳐진다면 그 사람은 타고난 작가이리라.

누구나 인생의 이야기를 책으로 쓸 수 있고 그래야만 한다. 이 세상에 태어나 자신을 정의하는 것이 얼마나 중요한가.

"나는 다양한 배역을 연기하는 탤런트입니다."

"나는 국가대표 축구선수입니다."

"나는 자유 여행가입니다."

자신을 정의하는 사람들을 보면 우린 동경하게 된다. 그 이유는 그들의 것이 부러워서 만일까? 아니다. 정의되는 인생이 명확하고 편해서일 것이다. 앞에서 말했듯이 책 쓰기는 자신을 정의하면서부터 시작된다.

그다음에는 단어 찾기를 말하고자 한다.

예를 들어 "나는 자유 여행가입니다."라고 말하는 사람의 대표적인 단어는 바로 '자유'와 '여행'이리라. 그 밖에도 연관된 단어가 따를 것이다.

출판하여 책이 되면 기승전결이 존재한다. 시집이든 소설책이든 수필이든 요리책이든…… 포토북이든 말이다. 책에서는 이를 꼭지라고 말한다. '이 꼭지들을 무엇으로 구성할 것인가?'가 중요하다.

지난 시간 낙서하고 제목을 정한 도화지를 펼쳐보자. 내가 처음 낙서하기하고 정한 제목은 '시원하다'이다. 빨갛게 도화지를 가득 채운 낙서를 해놓고 정작 시원한 해방감을 느꼈다. 여러분의 낙서 제목은 무엇인가? 제목을 짓고 나면 낙서가 새롭게 보이지 않는가? 작품으로 보일 것이다.

이젠 그 낙서에서 숨은 그림을 찾을 것이다. 낙서할 때의 사용했던 색깔을 넣어두고 다른 색 크레파스를 집어 든다. 이제부터 낙서 속에서 보물을 찾을 것이다.

잡지의 한 귀퉁이에 펜으로 그려진 숨은그림찾기를 해본 적이 있는가? 자신의 낙서에서 숨은 그림을 찾아보자.

앤서니 브라운의 「마술 연필」이라는 그림책을 본 적이 있다면 이해하기 쉬울 것이다. 의미 없는 선을 연결하여 새로운 그림을 완성하는 것이다. 낙서 속에 숨은 그림을 찾을 때는 숨바꼭질을 할 때처럼 찾으면 된다.

"장독 뒤에 숨은 수연이 찾았다. 튀어나온 엉덩이가 보이잖아!"

장독 뒤에 숨은 수연이 엉덩이를 찾은 것이 아니라 수연이를 찾은 것이다.

낙서 속에는 수많은 단어가 숨어있다. 막상 무엇을 찾아야 할지 보이지 않는다면 좋아하는 것을 떠올려보자. 좋아하는 음식, 좋아하는 동물, 좋아하는 것을 떠올리면 쉽게 단어를 찾을 수 있다.

가끔 세모나 네모, 원과 같은 도형이나 숫자, 알파벳 같은 기호를 찾는 경우가 있다. 그렇다면 세모 모양의 무엇인지 확인해야 한다. 고깔모자도 있고, 산도 있고, 조각 피자나 조각 케이크일 수도 있다. 원이라면 빵이나 과일일 수도 있고 공이나 맨홀뚜껑일 수도 있다.

낙서 위에 찾은 그림을 따라 그리고 보이지 않는 부분까지 그려서 완성한다. 그리고 그 옆에 무엇인지 단어를 쓴다. 내가 좋아하는 풍선을 찾고 싶은데 풍선이 보이지 않는다면 가늘게 하늘로 치솟은 선을 따라 올라가 그 끝에 풍선을 그려 넣어도 된다. 어차피 내가 한 낙서가 아닌가? 다섯 개의 숨은 그림을 찾는다. 더 많은 것이 보인다면 모두 찾아도 된다. 보물은 많을수록 좋지 않은가?

좋아하는 음식이 무엇이었지? 냉면이 떠오른다.

"그래! 난 새콤달콤한 냉면이 좋아!"

직장생활 중에 여름이면 점심으로 거의 매일 냉면을 먹은 적이 있었다. 쫀득한 면발이 끊어지지 않아도 후루룩 말아 올리면 그만이다. 국물을 남김없이 마시고는 입안에 감도는 시원한 육수 맛을 느껴본다. 그런 냉면을 잊고 살다니…… 오늘 점심은 냉면을 먹어야겠다.

낙서에서 찾은 다섯 개의 단어를 살펴봅니다.

여러분이 찾은 단어는 무엇인가요?

다섯 개의 단어와 느낌을 적어봅니다.

1.

2.

3.

4.

5.

찾은 다섯 개의 단어를 살펴보자. 늘 생각하던 익숙한 단어도 있겠지만 의외의 단어도 보인다. 낙서하기에서 찾은 단어는 가끔 엉뚱하다. 그러므로 신선한 바람처럼 이야기를 시작하기에 즐겁다.

낯선 사람을 만났을 때 편하지 않지만, 설렘과 생동감이 넘치곤 한다. 우리에게 온 다섯 개의 단어를 자세히 살펴보자. 다섯 개의 단어 중에서 가장 마음에 드는 단어를 고르고 그 단어를 주어로 하는 문장을 쓴다. 나머지 4개의 단어까지 다 들어가는 글을 쓴다. 동화여도 좋고 시나 에세이라도 괜찮다. 문장은 몇 문장이든 상관없이 자유롭게 쓰면 된다.

"다른 단어를 넣어도 되나요?"

물론이다. 찾은 단어 이외에 다른 단어를 넣어도 된다.

단지 찾은 단어는 어떻게든 문장에 넣어서 글을 완성한다. 사과를 찾았다고 하면 '사과 같은 내 얼굴'이라고 한다거나 '사과잼', '사과 그림'처럼 사용해도 된다.

앞뒤가 맞지 않아도 되고, 물론 상식에 맞지 않아도 된다. 물고기가 하늘을 날아가고 배꼽에서 수박이 자라도 된다. 누구는 생각지도 못한 시 한 편이 완성하기도 하고, 누구는 어린 조카에게 들려주면 좋을 동화가 완성된다. 편안한 일기나 편지가 되기도 한다.

당신만의 엉뚱한 이야기가 완성되면 제목을 정하고 날짜와 이름을 적는다. 이렇게 완성한 엉뚱한 이야기에 살을 붙여서 그림책이 되기도 한다.

중국에서 나고 자란 여성이 쓴 글에서 '카이'라는 뱀은 하늘을 날아서 모험을 떠났다. 카이의 겨드랑이에서 날개가 간질거리며 올라올 때 세상은 무지개색으로 빛났다.

병원학교에서 만난 아이는 언뜻 보기에 10살이 안 돼 보였다. 책 쓰기 시작하고 나서야 실제 나이는 13살이지만 섬유종이라는 병이 있어서 성장이 늦은 걸 알았다. 일 년에 절반은 병원에서 지내니 의욕도 없고 힘도 없어서 물컵조차도 혼자서 들기 어려워했다. 그런 친구가 그린 책은 '키 작은 소녀'였다. 어른들은 어서 병이 나아져야 할 텐데

걱정뿐인데, 의외로 그 친구의 그림책에는 13살 평범한 소녀가 꿈을 찾는 이야기가 나온다. 단지 키가 작은 것뿐인 소녀는 많은 것이 하고 싶었나 보다. 바리스타도 되어보고 아르바이트도 하고 아이돌 오디션에도 참여해서 무대에서 당당하게 노래를 불렀다.

아이에게 건넨 것은 커다란 도화지와 크레파스뿐이었다. 그 속에서 아이는 숨은 단어를 찾았고 그 단어를 이어서 소녀의 이야기를 만들었다. 다음 주에는 학교에 돌아간다고 말하는 아이는 그림책 속의 평범한 소녀처럼 들떠있었다. 키 작은 소녀처럼 당당하게 웃고 있었다.

누구도 대신 찾아주지 않는 단어가 당신의 낙서 속에 숨어있다. 오직 자신만이 찾을 수 있는 단어. 그리고 그 단어를 이어서 문장으로 펼쳐지는 이야기를 시작해보자. 소녀처럼 그리고 소년처럼 그렇게 당신만의 이야기를 시작해보자.

가장 마음에 드는 단어를 주어로 문장을 완성합니다.

나머지 단어도 다 들어가는 글을 써봅니다.

낙서한 도화지는 현관문을 열고 들어서면 가장 잘 보이는 벽에 반듯하게 붙여보자. 가능하다면 한 달, 적어도 일주일은 벽에 붙여둔다. 소중한 이야기를 구겨서 구석에 처박아 두고 싶진 않을 것이다. 이 단어는 당신의 인생을 바꾸는 책 쓰기의 인생 단어이다. 인생 단어가 있어야 이야기가 시작된다. 낙서하기 이외에도 인생 단어를 찾는 방법은 많다.

종이를 펼쳐보자. 하얀 종이와 펜을 들고 떠오르는 단어들을 써 내려간다. 단어도 좋고 문장도 좋다. 생각나는 대로 보이는 대로 들리는 대로 느끼는 대로 단어들을 써 내려간다. 종이 한 장이 가득 차면 약 50개 정도의 단어가 나온다. 그 이상의 단어를 찾는 분이 있다면 정말 풍성한 삶을 누리는 사람일 것이다. 10분에서 20분 정도의 시간을 집중하여 단어만 써 내려갔는데도 찾아지는 단어가 적다고 실망할 필요는 없다. 당신은 명확한 경향의 사람일 수 있으니 말이다.

자신이 쓴 단어를 살펴보아야 한다. 살피다 보면 겹치는 단어도 있고 편중되는 단어도 보일 것이다. 써놓고 보면 보인다니 참 신기하다. 단어를 읽어나가면서 빨간펜(편집자에게는 빨간펜이 중요하다)으로 마음에 들어오는 단어에 동그라미 친다. 그리고 딱 5개만 별표를 친다. 이 다섯 개가 당신의 '인생 단어'이다.

무엇이 보이는가? 무엇을 찾았는가? 그 다섯 개의 단어를 곱씹어보자. 그리고 〈인생 단어장〉을 만들 것이다.

처음 영어단어를 접했을 때 기억하는가? 단어장을 들고 익히면서 그 단어의 철자를 외우고 그 뜻을 익히고 연관된 숙어를 공부했던 기억이 있는가? 영어는 이렇게 단어장을 만들어 가면서 정작 우리가 사용하는 한글, 특히 자신의 인생 단어를 정의하지 않는다면 곤란하지 않은가?

'지혜'란 해야 할 일과 하지 말아야 할 일을 구분할 수 있는 것이다. 인생을 살아가면서 우린 얼마나 다양한 지식을 쌓고 있는가? 이젠 꼭 필요한 '지혜'를 얻어야 할 때이다.

〈인생 단어장〉은 어떤 형식으로 써도 좋다. 자신이 좋아하는 방법으로 쓰면 된다. 시든 소설이든 에세이든 동화든 설명문이든 말이다.

20대 직장생활을 시작할 무렵 '삶의 질'이라는 단어가 화두로 꽂혀 맴돌았던 시간이 있었다. 인생을 '질'로 가늠할 수 있다는 것에 충격을 받았다. 순리대로 흐르는 대로 살아가는 것이 인생이라 여긴 나로선 내 삶을 '질'로 돌아보는 순간이었다. 족히 십여 년간 매여있던 그 족쇄를 벗어버린 건 '삶의 질'이라는 콜라주 작품을 만들고 그 작품에 제목을 정하고 의미를 되새기고 나서다.

글쓰기가 부담스러운 분에게는 〈인생 단어 그림〉을 권한다. 다만, 그림을 그리고 난 후에 작품설명을 꼭 해야 한다는 조건이 붙는다. 〈인생 단어장〉이 완성되는 순간의 명확함을 누려보길 바란다. 이젠 인생을 바꾸는 책 쓰기의 꼭지가 잡힌 것이다.

책 쓰기를 하려면 시간을 내야 한다. 하루에 30분 정도의 시간이면 족하다. 영감을 떠올려 위대한 작품을 쓰기 위한

노력은 아니다. 가능한 정해진 시간에 정해진 장소에서 책을 쓴다. 여기에 아주 마음에 드는 노트 한 권과 손에 딱 잡히는 펜 한 자루가 있다면 더할 나위가 없다.

〈인생 단어장〉을 써 내려가는 것에서부터 시작하면 좋다. 적어도 닷새는 주제에 대해 고민을 하지 않아도 좋으니 말이다. 닷새가 지나고서도 쓸 게 생각나지 않는다면 썼던 단어를 다시 써도 좋다. 한 단어만으로 쓸 말이 이렇게 많다니 스스로 놀라게 될 것이다.

여행을 좋아하는 분에게 '여행'이란 무엇인가요? 라고 묻자, 망설임 없이 '본능'이라고 말한다. 하나의 단어를 바라보면서도 사람들은 모두 다르게 정의한다.

내 〈인생 단어장〉에는 수국이라고 적고 '그리움'이라고 불러주었다. 기억 저편에 묻어두었던 '그리움'의 회상이 수국으로 다가왔다.

어린 날 검은 마당의 한쪽에는 그 머리가 탐스러워 떨어지는 빗물에 무거워지면 끄덕끄덕 흔들리던 수국이 있었다. 요즘 꽃집에 가면 빨강부터 보라, 파랑, 분홍… 어찌나 다양한 색의 수국이 있는지 놀라울 정도이지만 그 시절 수국은 푸른 기를 머금은 하얀색과 보라기를 머금은 하늘색

뿐이었다. 근래에 안 사실인데 수국은 땅의 성분과 온도에 따라서 꽃의 색이 바뀐다고 한다. 그러니 한 나무에 난 꽃잎에도 가지마다 다른 색을 지닐 수 있는 게 아닐까 싶다.

수국이란 단어는 나만이 간직한 첫 책 『수국이 그립다』의 시작이 되었다. 그리고 그 수국은 나의 근원으로 다가가는 문의 빗장을 여는 열쇠이다.

떠오르는 단어를 씁니다.

10분에서 20분 정도 집중하여 떠오르는 단어를 씁니다.
그리고 눈에 띄는 단어 10개 정도에 동그라미를 치고 그중
5개에 별표를 합니다.

첫 번째 인생 단어

두 번째 인생 단어

세 번째 인생 단어

네 번째 인생 단어

다섯 번째 인생 단어

03 기억

전업 작가들의 작업실을 가본 적이 있는가? 작은 도서관에서 진행한 '작가와의 만남'을 통해 만난 시인이 아침부터 저녁까지의 하루를 이야기해주었다. 새벽 3시에 일어나서 기지개를 켜고, 누워서 하는 운동부터 저녁에 보는 드라마 시청까지 그의 하루는 잘 짜인 격자처럼 정갈했다. 매일 한편 이상의 시를 쓰고 있다는 시인은 정해진 시간에 정해진 공간에서 글을 쓴다고 한다. 책 쓰기를 위한 글쓰기는 이렇게 하루하루 쌓아가는 것이다. 그저 흔들리던 몸짓이 꽃이 되어 오는 것이다.

시처럼 짧은 글은 60편 정도면 한 권의 시집이 완성된다. 에세이는 그 길이에 따라서 20편에서 40편 정도면 되고, 짧은 단편소설은 8개 정도면 책으로 만들기 좋다. 그 양은 적으면 적은 대로 많으면 많은 대로 책으로 엮기 나름이다. 그러니 어떤 책을 낼지는 쓰고나서 생각해도 늦지 않은 일이다. 그림책으로 만들기 위해서는 12편 정도의 스토리와 그림이 있으면 되니 첫 책으로 그림책을 내보는 것도 좋다.

요즘에는 개인 책이 아니라 공동 책을 내는 경우도 많다. 함께 사진을 찍는 분들이 모여서 낸 디카시집이라든가 시를 공부하는 분들이 모여서 만든 공동시집, 함께 여행하고 낸 여행기, 요리책 등이 있다. 어쩌면 혼자보다 쉬울 수도 있으니 많은 분에게 출판을 시작하는 좋은 기회가 되어 준다.

처음 그림책을 낸 후로 이야기를 쓰는 게 낙이 된 도서관 글쓰기 엄마들은 이제 수다로 보내는 시간이 아깝다고 한다. 책을 될 소제를 찾고 이야기를 꾸미고 그림을 그리며 벌써 세 번째 그림책을 출간했다.

"출판요? 하나도 어렵지 않아요. 뭐라 설명할 수 없으니 직접 내보는 수밖에요."

작가라는 말이 아직은 어색하다면서 출판된 자신의 책을 가슴에 꼭 안고 있는 저자는 사뭇 갓난아이를 안고 있는 듯 보인다.

글을 쓰고 싶으면 책 쓰기를 하라고 말하고 싶다. 책 쓰기는 정해진 목표를 향해 가는 글쓰기이기 때문에 하루하루 기억을 쌓다 보면 책이 된다. 사소한 것을 글로 기억하면 책이 된다. 사소한 것을 정성 들여 들여다보고 기억하자. 날마다 같은 루틴을 반복하는 시인처럼 하루를 기억하는 책 쓰기는 어느새 익숙한 습관이 되어 책으로 다가올 것이다.

일상이 습관이 되려면 하루 10분 이상 반복하여 100일의 시간이 필요하다고 한다. 스마트폰 어플 속에는 없는 게 없다. 그중 습관 길들이기 어플을 깔았다. 알람도 맞추어놓았다. 띵띵 소리 내며 '인생을 바꾸는 책 쓰기' 시간을 알려준다. 책 쓰기 창을 열고 날짜를 적고 시간을 적는다. 100일 책 쓰기의 몇 번째인지 쓴다. 100일까지 쓸 것이기 때문에 001, 002, 003…… 순으로 적어둔다. 그리고 생각나는 이야기를 시작한다. 제목은 먼저 적어도 좋고 나중에 적어도 좋다.

인생을 바꾸는 책 쓰기 100일을 시작해보자.

Title : 돌새 찡기는 소리

　낭만적인 그녀, 달님이 내게 사는 이야기를 써보라고 했다. 써야 할 얘깃거리가 있을까? 시어머니 이야기를 하면 좀 쉽게 쓸 수 있지 않을까?

　'돌새 찡기는 소리'라는 말을 자주 하는 시어머니는 한마디로 투덜이다. 대학가 상가주택에 사는 이유로 새 학기 시작할 즈음이면 창밖에서 밤새 술 마시고 노는 소리가 이어진다. 그중 여학생들의 '꺅꺅!' 하는 소리가 들리면 시어머니는 "돌새 찡기는 소리하고 있다."고 얘기한다.

　말대로라면, 돌 사이에 사람이 끼어서 비명을 지르는 것이다. 아무렇지도 않게 하는 무지막지한 은유가 감정을 무디게 하는 건지 감정이 무뎌져서 그런 말이 나오는 건지 모를 일이다.

결혼하고 신접살림할 때, 동네 시어머니들이 너도나도 집에 드나들었다. 시어머니 말고는 누가 누구인지도 모르겠는데, 누군가 '감 좀 내오니라.' 하신다. 부엌에 가니 단감이 있어 곱게 깎아서 접시에 예쁘게 담고 상에 받쳐서 내었다. 그러니 시간이 걸릴 수밖에. 그게 답답하고 마음에 안 찼는지 단감 대여섯 개를 두 손에 받쳐 들고 들어오시는 동네 시어머니 한 분, 과도를 손에 들고 따라 들어오시는 시어머니. 동네 시어머니 몇 분과 우리 시어머니는 뜨끈한 방바닥에 깔린 이불 밑에 다리를 넣고 단감을 깎으며 이야기를 나누신다.

멋쩍어서 부엌으로 나왔다. 포크라도 찾아가려고. 아무리 둘러봐도 찾기 어려웠다. 그때 방에서 소란이 일었다. '꽥꽥!' '엄엄!' 뭐지? 분명 싸움이 난 것 같았다. 좀 전만 해도 웃는 것 같았는데? 동네 시어머니 한 분이 내가 어수룩하다고 한 소리하자, '당신 며느리를 당신은 타박해도 남이 하는 건 못 참는' 우리 시어머니가 한마디 하신 모양이다. 들어가 봐야 하나? 포크는 못 찾고 젓가락 서너 벌을 챙겨서 들고 "음음." 소리 내며 슬그머니 문을 열고 들어갔다. 내가 들어서는지도 모른 채 시어머니들은 무언가 열중

하고 있다.

우리 시어머니는 나를 보며 뭐라 뭐라 한다.

"@#$%^&*()_)(*&^%$#."

"……네?"

분위기를 보아하니 싸운 건 아닌 것 같다. 젓가락을 상 위에 두고 다시 밖으로 나오려는데 동네 시어머니가 내 손을 잡는다.

"(*&^%^&**&^$."

그 손에는 젓가락에 꽂힌 단감이 들려있다. '아! 나도 먹으라는 얘기구나.' 하지만 거기 앉아서 그걸 먹을 자신이 없다. 아니, 거기에 앉아 외계어를 해석하고 싶지 않았다.

"전 괜찮아요. 많이 드세요."

다시 밖으로 나왔다. 아직도 그때 동네 시어머니들이 한 이야기가 무엇이었는지 모른다. 싸운 건지 웃은 건지……, '돌새 찡기는 소리'처럼 무지막지한 은유가 있었는지 모를 일이다.

Today   .   .   . (   ) Time   (am/pm)

인생을 바꾸는 책 쓰기 Day 001

Title:

_____

_____

_____

_____

_____

_____

_____

_____

_____

_____

_____

Today　　　.　　.　.（　）Time　　　　（am/pm）

인생을 바꾸는 책 쓰기 Day 002

Title:

_____

_____

_____

_____

_____

_____

_____

_____

_____

_____

_____

_____

Title:

_____

_____

_____

_____

_____

_____

_____

_____

_____

_____

_____

_____

Title:

Today   .   .   . (   ) Time   (am/pm)

인생을 바꾸는 책 쓰기 Day 005

Title:

_____

_____

_____

_____

_____

_____

_____

_____

_____

_____

Today   .   .   . (   ) Time   (am/pm)

인생을 바꾸는 책 쓰기 Day 006

Title:

Today   .   .   . (   ) Time   (am/pm)

인생을 바꾸는 책 쓰기 Day 007

Title:

_____

_____

_____

_____

_____

_____

_____

_____

_____

_____

_____

Today　　　.　　.　.（　）Time　　　　（am/pm）

인생을 바꾸는 책 쓰기 Day 008

Title:

Title:

_____

_____

_____

_____

_____

_____

_____

_____

_____

_____

_____

Title:

_____

_____

_____

_____

_____

_____

_____

_____

_____

_____

_____

사랑합니다.

인생을 바꾸는 책 쓰기 010을 완주한 여러분 사랑합니다. 인생을 바꾸기 위한 용기로 시작하였고 일주일을 완주한 당신은 인생 단어를 완성한 사람입니다. 당신은 한다면 하는 사람입니다. 이제 일상 속에 책 쓰기의 루틴이 기억되기 시작한 것입니다.

인생을 바꾸는 책 쓰기 100일을 향해 한 걸음 걸어가 보아요. 당신의 책이 완성되는 순간 인생이 바뀝니다.

제2장

소망,
인생을 상상하자

04 낯선 만남

글만 쓰면 출판사에서 다 알아서 책을 내주겠지. 또는 기발한 아이디어를 가지고 있으니 말만 하면 그게 책으로 나왔을 때 대박을 낼 거란 큰 꿈을 가지고 있는 분이 있다면 현실을 직시하라고 말하고 싶다.

처음 출판사라는 곳에서 직장생활을 시작한 것이 20년도 지난 일이다. 책이 좋아서 또 책을 좋아하는 사람들이 모인 곳이니 마냥 좋을 것 같아서 출판사에서 일을 시작했다. 당연히 헛된 기대였다. 출판사에서 일하는 것은 책을 읽을 시간을 갖는 것이 아니라, 원고를 읽고 저자의 요청을 들어주고 그에 맞는 일을 해야 하는 보통의 회사 업무와 다를 바가 없었다. 상상했던 것처럼 책을 읽고 토론하고 소통하는 사람들이 모여 지내는 꿈의 직장은 아니었다는 말이다.

어느 순간 책을 좋아하던 어릴 적 소녀의 모습은 멀어지고 책이란 종이 위에 쓰인 글자이고 그림이고 상품일 뿐이었다. 현실을 직시하고 나니 허무하기도 하였다.

다만……. 시간이 지날수록 책이 좋아 책을 내고자 찾아오시는 분이 많다는 것을 알았다. 자신의 책을 내고 싶다는 꿈을 꾸는 것은 놀랍도록 행복하고 즐거운 일이지만 그 현실에서의 결과를 얻기 위한 중간 과정을 거치지 않고서는 결코 이룰 수 없는 꿈이었다.

"어떤 책을 내려고요?"

저자에게 처음 질문하면 그것을 명확하게 말하는 사람이 적다. 아니, 거의 없다. 하고 싶은 것을 끝도 없이 풀어놓는가 하면 너무나 터무니없는 계획으로 놀라게 하는 분도 많았다. 마음 아픈 일이지만 처음 책을 내겠다고 찾아오는 분들에게 칼을 든 무사처럼 무참히 그 불필요한 싹을 자르는 일을 해왔다.

"내고 싶은 책의 제목을 정하셨나요? 가제라도 좋습니다. 원고는 어느 정도 완성되었는지요? 글 이외에 사진이나 그림도 원고에 해당하지요."

책을 내기 위해 갖춰야 하는 것 중에서 출판기획의 단계는 꼭 필요하고 중요한 과정이다. 보통은 이 과정을 출판사에서 해주거나 방향을 잡아주길 바란다. 아니 조언해줄 수는 있다. 출판시장의 흐름은 저자보다는 조금 더 알 수 있을 테니까 말이다. 다만, 그 책의 특수한 분야와 내용에 대해서는 저자만큼 잘 아는 사람은 없다.

인생을 바꾸는 책 쓰기 첫 시간에 말했듯이 책이 갓난아기와 같다면 출판사는 산파나 산부인과 의사에 지나지 않는다. 어느 의사가 아이의 장래까지 고민한단 말인가? 좀 비약적이 비유이기는 하나 적어도 개인 출판을 고려하는 저자라면 출판기획을 하지 않고 원고만 들고 또는 아이디어만 가지고 책이라는 것을 내보겠다는 건 꿈에 불과하다.

"책을 내서 얻고자 하는 것이 무엇인가요?"

"많은 사람과 공유하고 싶어요. 유명해지고 싶어요. 인생을 정의하고 싶어요. 책을 팔아서 인세를 받고 싶어요. 성공하고 싶어요. 프로필에 도움이 되고 싶어요."

책이라면 이런 많은 것을 충분히 이루어줄 수 있다. 그러나 그것을 모두 이루기에는 어마어마한 노력이 필요하다. 그래서 출판기획 과정이 필요하다.

무작정 글을 쓰는 사람과 책을 쓰는 사람의 차이는 바로 이 출판기획서에서 나온다. 책을 염두에 두고 글을 쓰면 막연하게 글을 쓰는 것보다 책이 만들어질 확률이 높아진다. 또한 글이 주제가 확실해지고 목표가 정해졌기에 꾸준히 끈기 있게 일을 이루어갈 수 있는 것이다.

첫 번째, 어떤 책을 쓸 것인가? 제목, 주제, 형식을 고민하고 정하는 것이다.

둘째, 구체적으로 판형과 페이지 수, 사진과 그림 수를 고려하고 예상한다.

셋째, 출판기획 의도를 확실하게 정하고 그에 맞는 제목을 만들어본다.

넷째, 누구를 위한 책을 낼 것인가? 즉, 타겟을 정하고 시장조사를 하고 분석한다.

다섯째, 차례와 표지 등을 계획해본다.

여섯째, 언제 출판할지 타임스케줄을 만들고 그에 맞는 집필, 탈고, 출판 일정을 잡는다.

일곱째, 출판형식을 고려한다.

기획출판을 할 것인지, 공모전에 출품할 것인지, 개인 출판을 진행할 것인지를 파악한다. 개인적으로는 첫 번째 책은 개인 출판을 권하고 싶다. 누구에게나 처음은 어렵다. 그러므로 첫 출판은 관문이 조금 낮은 개인 출판 형태를 통해 자신감을 느끼고 경험을 쌓는 과정을 거치는 것이 좋다. 그 후에 자신에게 맞는 출판방식을 찾아보는 것도 좋을 것이다. 책을 한번 내본 사람과 그렇지 않은 사람의 글쓰기는 분명 그 차원이 다르기 때문이다.

마지막으로 출판형식을 고려했다면 그에 맞는 출판사를 선택한다. 작은 인연이 있는 출판사도 좋다. 책을 내고 유통하는 데는 정성이 필요하기에 그 정성을 들여줄 출판사에서 책을 내는 것은 행운이다.

당신이 출판사의 관계자인 것처럼 프로답게 출판기획서를 완성해보길 바란다. 다음의 출판기획서 양식의 칸 칸마다 채워나가 보길……. 작성한 출판기획서를 출판사에 보내 준다면 정성 가득 담아 출판을 도와드릴 것이다.

출판기획서

제목
_____

저자
_____

분류
_____

예상면수
_____

예상가격
_____

원고
_____

일러스트

사진

저자소개

기획의도

차례

_____

_____

_____

_____

_____

_____

_____

_____

_____

_____

_____

출판유형

_____

출판사

_____

도서판형

_____

Today   .   .   . (   ) Time   (am/pm)

인생을 바꾸는 책 쓰기 Day 011

Title:

_____

_____

_____

_____

_____

_____

_____

_____

_____

_____

_____

Today   .   .   . (   ) Time   (am/pm)

인생을 바꾸는 책 쓰기 Day 012

Title:

_____

_____

_____

_____

_____

_____

_____

_____

_____

Title:

_____

_____

_____

_____

_____

_____

_____

_____

_____

_____

_____

Today　　　.　　.　.（　）Time　　　（am/pm）

인생을 바꾸는 책 쓰기 Day 014

Title:

Today　　　.　　.　.（　）Time　　　　（am/pm）

인생을 바꾸는 책 쓰기 Day 015

Title:

인생을 바꾸는 책 쓰기 Day 016

Title:

_____

_____

_____

_____

_____

_____

_____

_____

_____

_____

_____

Title:

_____

_____

_____

_____

_____

_____

_____

_____

_____

_____

Title:

_____

_____

_____

_____

_____

_____

_____

_____

_____

_____

인생을 바꾸는 책 쓰기 Day 019

Title:

_____

_____

_____

_____

_____

_____

_____

_____

_____

_____

_____

Title:

_____

_____

_____

_____

_____

_____

_____

_____

_____

_____

_____

05 상상이니까 괜찮아

　미카엘 엔더의 『모모』는 내 인생 책이라고 할 수 있다. 교과서 외에 처음 읽은 책이다. 회색과 경청, 상상, 사색이라는 언어로 내게 다가왔다. 어쩌면 눈에 보이지 않는 것을 믿게 만든 시작이었는지 모르겠다. 모모는 어린 날의 존재 이유였다.

　상상하는 자유가 책 쓰기에는 존재한다. 그렇기에 마음껏 상상하길 바란다.

　그림책의 시작은 주인공을 설정하는 것이다. 캐릭터 설정은 단지 소설이나 동화에서만 하는 것이 아니다. 시나 수필에서도 주인공이 필요하다. 자전적 글의 경우에 작가 자신이 주인공이다. 장편소설의 경우에는 수십 명의 인물이 등장한다. 단편도 직접적으로 간접적으로 등장하는 인물이 존재한다. 소설에 직접적으로 캐릭터의 소개가 들어

가지 않더라도 작가는 글의 중심이 되는 캐릭터를 자세하게 파악하고 있어야 한다.

윌리엄 스타이그의 『슈렉』이라는 그림책의 주인공은 바로 슈렉이다. 우리가 잘 알고 있는 애니메이션의 슈렉이 태어난 것이 바로 이 그림책이다. 이 그림책의 처음은 이렇게 시작한다. '슈렉의 엄마는 못생겼어. 슈렉의 아빠도 못생겼지. 하지만 슈렉은 이 두 사람을 합친 것보다 더 못생겼어.'라고.

주인공을 누구로 정할지 결정하지 못했다면 앞장에서 찾은 인생 단어를 참고하면 좋다. 인생 단어 중에서 주어로 설정한 단어가 주인공이 되면 좋다. 주어가 냉면이라면 냉면이 주인공이어도 된다. 주인공이 꼭 사람일 필요는 없다. 물건이어도 되고 동물이나 식물이어도 된다.

인생을 바꾸는 책 쓰기의 처음이 그림책이면 좋은 이유는 바로 무한한 상상이 가능하기 때문이다. 코끼리를 찾은 당신이라면 그 코끼리를 통해서 이야기를 만들어 가면 되는 것이다.

"그림을 못 그리는데 어떻게 코끼리를 그려요?"

당신이 낙서에서 그린 코끼리 그림이면 되는 것이다. 그것이 바로 당신의 인생 단어이기 때문이다. 당신의 책에서 코끼리는 생각하고 말하고 심지어 춤을 추기도 할 것이다. 어느 날은 아주 작은 개미와 사랑할 수도 있다.

"상상이니까 괜찮아요."

그림책을 쓰면서도 상식을 뛰어넘지 못해서 어떻게 할지 고민할 필요는 없지 않은가? 낙서하듯이 자유롭게 팔을 흔들어서 낙서하고, 그 낙서에서 코끼리를 찾았고, 또 다른 것을 찾아서 그림책을 만들어 가면 된다. 당신의 그림책 속에 코끼리가 어떻게 생겼는지 미리 정해진 것은 없다. 그 캐릭터는 슈렉처럼 아주 못생겼을 수도 있고 성격이 무시무시할 수도 있다.

그건 모두 당신의 몫이다.

누구도 아닌 당신의 자유다.

주인공

　주인공에 대해서 써보자. 처음에는 주인공의 이름을 정하고 나이를 적고 사는 곳을 쓴다. 좋아하는 것과 잘하는 것, 하고 싶은 것은 꼭 쓰자. 그 밖에도 혈액형이나 특이한 점이나 성격이나 생김새, 가족관계, 다니는 학교라든가 친구…… 뭐든지 써보자.

주인공을 그려봅니다.

이야기의 주제를 정할 때는 주인공과 연관되는 사건을 다룬다. 주인공이 좋아하는 일이나 잘하는 일, 하고 싶은 일을 다루면 좋다. 특히 주인공이 하고 싶은 일을 이루게 도와주길 바란다. 대통령이 되고 싶다던가 의사가 되고 싶다는 꿈일 수도 있지만 어쩌면 온종일 비를 맞으면서 달리기를 하고 싶은 어린 소녀라면 그런 하루를 선물하면 어떨까. 글을 쓰는 당신이야말로 주인공이 무엇을 하고 싶든 이루어줄 수 있는 유일한 존재이다.

주인공이 하고 싶은 일을 이루는 장면을 그려주세요.

이야기는 작가에게 상상이지만 주인공에게는 당연한 세상이다. 글쓰기를 잘하려면 어떻게 하면 좋겠냐고 어린이 작가에게 물어보았다.

"주인공 마음으로 살펴보아야 해요."

"상상하여 글을 쓰면 됩니다."

주인공 마음으로 상상의 나라를 그려보자. 주인공에게 멋진 세상을 선물해 보자. 초능력 세상, 바닷속 궁전, 유령의 나라, 별들의 축제……. 아이들은 상상의 나라를 즐긴다. 당신은 어떤가? 당신의 상상에 한계가 있는가? 그렇다면 오늘 그 상상의 한계를 열고 그 속으로 들어가 보자.

상상의 나라는 어떤 나라인가? 어떻게 가는가? 어떻게 생겼고 무엇무엇이 있는가? 거기에선 어떤 특별한 일이 일어나는가? 그곳에서 주인공은 누구를 만나는가?

상상의 나라를 그림으로 그립니다.

배경

이야기는 장소와 시간을 정해야 구체적으로 느껴진다. 이야기가 이루어질 장소를 상상해보자. '옛날 옛적에~ 깊은 산속에~'라고 시작하는 옛날이야기를 기억하는가?

그렇다면 당신의 이야기는 어디에서 시작하면 좋을까? 어느 나라일 수도 있고 어느 마을일 수도 있고 어느 집이나 숲속 또는 바닷속이 될 수도 있다.

그 시대와 때는 언제인가? 그 장소는 어떻게 가면 되는가? 그곳은 어떻게 생겼고 무엇무엇이 있고 어떤 사람들이 사는가? 주인공은 그곳에서 무슨 일을 하면서 일상을 보내는가?

이야기의 배경이 되는 장소를 그려봅니다.

Today   .   .   . (   ) Time   (am/pm)

인생을 바꾸는 책 쓰기 Day 021

Title:

_____

_____

_____

_____

_____

_____

_____

_____

_____

_____

_____

Today   .   .   . (   ) Time   (am/pm)

인생을 바꾸는 책 쓰기 Day 022

Title:

인생을 바꾸는 책 쓰기 Day 023

Title:

_____

_____

_____

_____

_____

_____

_____

_____

_____

_____

_____

Title:

Today   .   .   . (   ) Time   (am/pm)

인생을 바꾸는 책 쓰기 Day 025

Title:

Today   .   .   . (   ) Time   (am/pm)

인생을 바꾸는 책 쓰기 Day 026

Title:

인생을 바꾸는 책 쓰기 Day 027

Title:

_____

_____

_____

_____

_____

_____

_____

_____

_____

_____

_____

_____

Today   .   .   . (   ) Time   (am/pm)

인생을 바꾸는 책 쓰기 Day 028

Title:

인생을 바꾸는 책 쓰기 Day 029

Title:

_____

_____

_____

_____

_____

_____

_____

_____

_____

_____

_____

Today   .   .   . (   ) Time   (am/pm)

인생을 바꾸는 책 쓰기 Day 030

Title:

06 소망 나무

"당신의 소망은 무엇입니까?"

어린 시절 꿈이 무엇이냐 물었을 때보다 더 답하기 어려워지는 순간이다. 커다란 도화지를 준비하고 거기에 나무를 그린다. 그 나무는 '세계수'처럼 완전한 근원의 나무와도 같이 당신의 세계에서 가장 완벽한 소망을 담은 나무이다. 그림으로 그려도 되고 티슈나 반짝이나 스프레이 색종이 등 각양각색의 오브제를 사용해도 좋다.

충분한 시간을 가지고 당신의 소망 나무를 완성해보자. 아름다운 색으로 색칠하고 소망의 꽃과 잎사귀를 그려보자. 당신이 맺고 싶은 열매를 그릴 수도 있고 누리고 싶은 자유와 행복을 표현할 수도 있다. 가장 멋진 은유와 황홀한 어휘를 동원하여 당신의 소망에 빛을 더하자.

나무의 이름을 정하고 날짜와 이름을 적는다.

소망 나무 사진을 붙여줍니다.

편지쓰기

이름을 정한 소망 나무에 편지를 쓴다. 소망 나무의 소망을 이루길 바라는 간절한 마음으로 편지를 쓴다. 편지글을 쓸 때는 먼저 이름을 불러줘야 한다. 글이 끝날 때는 날짜와 글쓴이를 꼭 쓴다.

나무야 나무야,
세상에 단 하나밖에 없는 소중한 (   )나무야.

_____

_____

_____

_____

_____

_____

Today   .   .   . (   ) Time   (am/pm)

인생을 바꾸는 책 쓰기 Day 031

Title:

_____

_____

_____

_____

_____

_____

_____

_____

_____

_____

_____

Today   .   .   . (   ) Time   (am/pm)

인생을 바꾸는 책 쓰기 Day 032

Title:

Today　　　.　　.　　.　(　) Time　　　　(am/pm)

인생을 바꾸는 책 쓰기 Day 033

Title:

_____

_____

_____

_____

_____

_____

_____

_____

_____

_____

_____

Today   .   .   . (   ) Time   (am/pm)

인생을 바꾸는 책 쓰기 Day 034

Title:

Title:

_____

_____

_____

_____

_____

_____

_____

_____

_____

_____

_____

Title:

Title:

_____

_____

_____

_____

_____

_____

_____

_____

_____

_____

_____

Title:

Today　　　.　　.　　. (　) Time　　　(am/pm)

인생을 바꾸는 책 쓰기 Day 039

Title:

_____

_____

_____

_____

_____

_____

_____

_____

_____

_____

_____

Title:

엄청난 비밀

소망에 관한 이야기입니다. '소망하라 그리고 적어라. 그리고 이루리라.' 생각만 하는 것과 글로 쓰는 것은 엄청나게 차이가 납니다. 글로 쓰는 순간 그것이 이루어진다는 것은 비밀입니다. 엄청난 비밀.

인생을 바꾸는 책 쓰기 040을 완주한 여러분은 당신의 소망이 무엇인지 알고 있으며 그 소망을 이루는 법을 배웠습니다. 당신은 소망을 이루는 사람입니다.

인생을 바꾸는 책 쓰기 100일을 향해 한 걸음 걸어가 보아요. 당신의 책이 완성되는 순간 인생이 바뀝니다.

제3장

믿음,
인생을 바꾸자

07 보물 지도

　당신의 손에는 바닷가에서 주운 유리병이 들려있다. 오래된 유리병은 코르크 마개로 닫혀있고 그 안에는 희미하게 보이는 가죽 두루마리가 있다. 포도주 따개로 코르크 마개를 열자 '퐁!'하는 소리와 함께 도르르 말려있던 오래된 지도가 구멍 밖으로 밀려 나왔다.

　당신의 손에 펼쳐진 지도에는 '당신이 원하는 것을 이루어주는 보물지도'라도 적혀있다. 보물이 있는 곳을 알려주는 보물 지도가 이제 당신의 손안에 있다. 보물을 찾아 떠나 보겠는가? 아니면 다시 병 속에 집어넣고 뚜껑을 닫아 저 바닷속으로 던져버리겠는가?

　매일매일 글을 써온 당신은 알 것이다. 집중하고 몰입하면서 느껴지는 기쁨과 쾌감을 알 것이다.

　보물 지도를 다시 펼쳐보자. 보물을 향해 가는 길을 알

수 있다. 이루고자 하는 것이 무엇인지 안다면 그 보물은 찾아 떠나면 되는 것이다. 무엇이 보이는가? 당신이 이루고자 하는 것은 무엇인가? 도화지를 펼쳐놓고 원하는 것을 찾아서 붙여보자. 인터넷이나 잡지에서 찾은 사진을 붙여도 되고 그림으로 그려도 된다.

당신이 이루고자 하는 것을 찾아 붙여주세요.

제목은 무엇인가요?

보물 지도를 만든 날짜를 적습니다.

이름을 적습니다. 필명도 좋습니다.

그리고 보물 지도를 만들면서 느낀 것이나 떠오른 생각들을 적어둡니다.

버킷리스트

보물 지도를 완성하고도 더 하고 싶은 것이 있는가?

호스피스 병동에 몇 년째 자원봉사를 하고 있다. 그들과 버킷리스트를 작업하면,

"남편과 함께 자동차를 타고 바닷가에 가서 회를 먹고 싶어요." 그녀는 평범한 것을 희망한다.

"소녀 때처럼 하늘하늘한 원피스를 입고 합창하고 있어요." 나비를 그려 넣은 할머니는 가장 환한 웃음으로 그림을 바라보셨다.

누구에게나 삶이 간절하겠지만 병동의 환우를 보고 온 날이면 숨 쉬고 꿈꾸는 시간이 더욱 소중하게 느껴진다.

'당신의 오늘은 어제 죽은 이의 간절한 내일이다.'

죽기 전에 해야 할 일들을 정리해보자.

죽기 전에 하고 싶은 일들을 정리해보자.

하고 싶은 일을 쓰다 보면 쓰는 것만으로도 행복해지는 문장들을 발견하곤 한다. 어떤 것은 과연 이룰 수가 있을까 싶은 것이 있는가 하면, 어떤 것은 너무 사소한 일이라서 지금이라도 당장 할 수 있는 것도 있다. 나이가 어릴수록 마음이 자유로울수록 하고 싶은 일도 많은 법이다. 버킷리스트는 50개 정도를 뽑아보길 바란다. 그중에 당신의 책이 출판하는 것도 있으리라.

당신의 보물 지도를 완성하기 위해 할 일들을 정리해보자. 당신이 버킷리스트를 적는 것만으로도 이미 시작되었다. 내일 죽을 것처럼 간절하게 오늘을 살아보자.

(　　　　　　)의 버킷리스트

당신이 원하는 것 50개의 리스트를 모두 작성했는가?

처음 버킷리스트를 작성했을 때가 기억난다. 15개쯤 적고 더는 적지 못하고 있었다. 원하는 걸 알지 못하는 나를 발견했다.

한 사람을 안다는 것은 그가 어떻게 살아왔는지 지금 무엇을 하고 있는지보다 그가 원하는 것이 무엇인지 아는 것이라 했다. 며칠이 지나서 억지로 나머지 리스트를 작성했다. 그리고 세월이 흘러 버킷리스트를 보며 그때 원하던 것이 이미 이루어졌음을 보았다.

'원하라! 그러면 이룰 것이다!'

사업체를 경영하던 저자의 책 제목이 생각난다. 오늘 당신이 작성한 버킷리스트는 분명히 이루어질 것이다.

Today　　　.　　.　　. (　) Time　　　　(am/pm)

인생을 바꾸는 책 쓰기 Day 051

Title:

_____

_____

_____

_____

_____

_____

_____

_____

_____

_____

_____

Today   .   .   . (   ) Time   (am/pm)

인생을 바꾸는 책 쓰기 Day 052

Title:

Today   .   .   . (   ) Time   (am/pm)

인생을 바꾸는 책 쓰기 Day 053

Title:

Today　　　.　　.　　. (　) Time　　　　(am/pm)

인생을 바꾸는 책 쓰기 Day 054

Title:

Today   .   .   . (   ) Time   (am/pm)

인생을 바꾸는 책 쓰기 Day 055

Title:

_____

_____

_____

_____

_____

_____

_____

_____

_____

_____

_____

Today   .   .   . (   ) Time   (am/pm)

인생을 바꾸는 책 쓰기 Day 056

Title:

Today   .   .   . (   ) Time   (am/pm)

인생을 바꾸는 책 쓰기 Day 057

Title:

_____

_____

_____

_____

_____

_____

_____

_____

_____

_____

_____

Title:

_____

_____

_____

_____

_____

_____

_____

_____

_____

_____

_____

Today   .   .   . (   ) Time   (am/pm)

인생을 바꾸는 책 쓰기 Day 059

Title:

Title:

08 내 맘대로 편집

　원고가 책이 되려면 편집과정을 거쳐야 한다. 책(冊)이란 글자는 긴 대나무에 적힌 글들을 모아서 엮은 대나무 책 모양을 따서 만들었다. 글을 어떤 순서로 엮을 것인지 또 어떤 내용으로 엮을 것인지가 편집인 것이다. 글이 편집의 과정을 거치면 비로소 책이 된다. 인생을 바꾸는 책 쓰기 100일이 완성되면 당신만의 방법으로 엮어서 세상에 하나밖에 없는 특별한 책을 만들 수 있다.

　두 권의 시집과 두 권의 산문집을 낸 한 시인은 평소에 많은 책을 읽는다고 한다. 그녀는 50권의 책을 읽은 작가의 책은 50권이 팔리고 100권의 책을 읽은 작가의 책은 100권이 팔린다고. 자신의 책이 서점에서 1,000권이 팔리길 원한다면 1,000권의 책을 읽으면 된다고 말한다. 단지 책이 많이 팔리길 원해서라기보다 자신의 책을 많은 이가 읽기를 바라는 마음일 것이다.

　자신의 이야기를 쓰고 책을 출판하여 작가가 되면 다른 작가들이 책을 통해 어떤 이야기를 하는지 알게 된다. 책을 통한 진정한 소통이 시작되는 것이다.

　좋은 편집을 위해 책의 구성을 살펴볼 필요가 있다. 우선 서점에 가보자. 그리고 가장 좋아하는 책이나 쓰고 싶은 책과 비슷한 책을 고르고 자세히 살펴보고 참고하면 좋다.

　책의 맨 앞부분을 표지라고 부른다. 껍데기라는 말도 맞다. 앞쪽에 있는 것을 앞표지, 뒷부분을 뒤표지라고 하고 그사이를 책등이라고 부른다. 우리나라에만 있다는 표지의 형태인 책날개도 앞뒤에 달려 있다. 책날개는 예전 양장제본을 하던 시절에 속표지를 감싸던 북 재킷과 속표지를 합친 것이라고 볼 수 있다.

　앞표지에 꼭 들어가야 하는 것은 책 제목과 지은이, 출판사이다. 책등에도 세 가지가 들어간다. 그 밖에도 부제목이나 리드글 또는 광고글이 들어가기도 한다.

　뒤표지에는 표지 글이 들어가는데 책 내용의 일부분을 발췌하거나 추천사를 넣기도 한다. ISBN 등록번호와 책값 표시는 주로 뒤표지 하단에 한다.

표지 앞날개에는 저자 정보가 들어가고, 뒷날개에는 뒤
표지에서 못다 이야기나 저자의 또 다른 책, 출판사의 다
른 책들이 광고로 들어가기도 한다.

표지를 넘기면 면지가 나온다. 속지와 표지를 연결하는
역할을 하는 면지는 주로 색상지를 사용하여 본문 내용에
집중하도록 돕는다.

속표지에는 표지의 내용을 다시 싣는데 이는 겉표지가
낡거나 떨어져 나가더라도 책의 주요 정보가 남아있게 하
려고 제목과 지은이, 출판사 정보를 넣는다.

속표지 다음 장이나 본문의 맨 마지막 페이지에는 판권
페이지를 넣는데 이는 출판사마다 위치가 다르다. 판권에
는 책 제목과 지은이, 발행인, 인쇄일, 발행일, 출판사 정보
와 책의 ISBN 정보 등 저작권과 판권정보가 들어간다. 책
날개가 없는 책은 이곳에 저자 프로필을 함께 넣는다.

책이 시작되면서 서문이 들어가는데 이는 프롤로그, 머
리말, 책을 내면서 등의 이름으로도 쓰인다. 저자와 독자가
처음 인사하는 지면으로 책의 소개, 책을 내게 된 동기나
느낌, 포부 등을 밝히고 감사한 분들에게 인사말도 넣기도
한다.

서문이 들어가기 전에 추천사나 평론이 있으면 서문 앞

에 싣는다. 추천사는 주로 책의 앞쪽에 싣고 평론은 책의 뒷부분에 싣는 데 독자가 평론을 먼저 읽게 되면 책을 자유로운 시각으로 읽기가 어렵기 때문이다.

본격적으로 본문에 들어가기 전에 책의 차례나 길라잡이가 있으면 들어간다.

본문은 200페이지 내외의 책이라면 3~5개의 장으로 구분하여 편집하기를 권한다. 장 구분은 인생 단어에서 뽑은 5개의 단어로 제목을 만들고 그 인생 단어를 정의하면서 나온 3~5개의 부제목으로 구분하여 선택하면 된다.

이 책의 경우에 인생을 바꾸는 가장 핵심 단어라고 생각한 사랑, 믿음, 소망으로 구분하였다.

표지

제목

부제목

지은이

출판사

리드글

프로필

_____

_____

_____

_____

_____

_____

_____

_____

_____

_____

_____

_____

서문

차례

Today   .   .   . (   ) Time   (am/pm)

인생을 바꾸는 책 쓰기 Day 061

Title:

_____

_____

_____

_____

_____

_____

_____

_____

_____

_____

_____

Today   .   .   . (   ) Time   (am/pm)

인생을 바꾸는 책 쓰기 Day 062

Title:

_____

_____

_____

_____

_____

_____

_____

_____

_____

_____

_____

Today   .   .   . (   ) Time   (am/pm)

인생을 바꾸는 책 쓰기 Day 063

Title:

_____

_____

_____

_____

_____

_____

_____

_____

_____

_____

_____

Title:

_____

_____

_____

_____

_____

_____

_____

_____

_____

_____

_____

Title:

_____

_____

_____

_____

_____

_____

_____

_____

_____

_____

_____

Title:

_____

_____

_____

_____

_____

_____

_____

_____

_____

_____

_____

Title:

_____

_____

_____

_____

_____

_____

_____

_____

_____

_____

_____

_____

Title:

Title:

_____

_____

_____

_____

_____

_____

_____

_____

_____

_____

_____

Title:

09 나만의 출판기념회

인생을 바꾸는 책 쓰기의 중반부를 지났으니 나만의 출판기념회를 상상해보자. 빛이 환하게 비치는 창이 넓은 카페에서 소중한 분들과 내 책으로 이야기를 나누는 모습은 어떤가? 아니면 족히 수백 명이 참여하는 대강당에서 스포트라이트를 받으면서 강의하는 모습이 떠오르는가? 무엇이라도 좋다. 당신은 책을 마무리할 것이고 그 상상은 현실이 될 것이다.

출판 성공을 위한 한 가지 방법이 '해빙 The Having'이다. 즉 이미 이룬 것 같이 마음으로 느끼는 것이 필요하다. 출판을 이룬 것을 느낄 준비가 되었다면 당신의 출판기념회를 즐겨보길 바란다.

출판기념회의 의미는 소중한 책이 세상에 나온 것을 감사하고 축복하는 자리이다. 출판기념회를 돌잔치에 비유

하면 조금 쉽다. 그러니 자신만의 방법으로 계획해보길 바란다. 갓난아이가 세상에 태어났을 때 축복과 사랑의 말을 하지 않는가? 많은 이들에게 듣고자 백일잔치와 돌잔치를 열어서 좋은 이야기와 희망을 불어넣어 준다. 그러면 그 아이는 그 말대로 살게 된다. 출판기념회를 통해 태어난 소중한 나만의 책을 축복하자. 그 책이 세상을 바꿀 수는 없을지라도 나의 인생을 바꾸기에는 충분할 것이며, 나의 책을 소중한 아이처럼 사랑해주는 시간을 마련해보자.

출판기념회를 준비하려면 먼저 돌잔치 하객을 찾듯이 함께할 사람들을 찾아보자. 책이 나온 것에 사랑과 축복의 말을 해줄 사람들에게 연락하자. 이것이 중요하다. 비판의 말을 쉽게 하는 사람들이 있다. 자신만의 잣대로 세상을 판단하는 사람들이 있다. 그런 사람들은 잠시 뒤로 미뤄두길 권한다. 나의 소중한 책을 위하여 조금은 이기적으로 하객을 고를 수 있길 바란다.

하객을 모시고 출판기념회를 시작한다. 그 시작은 책 증정 시간이다. 출판사는 책이 나오게 도와준 산파와도 같다. 출판사는 소중한 아이를 정성스레 출판하여 책을 가장 사랑해줄 저자에게 증정하는 시간이다. '그동안 사랑으로 쓰신 책을 증정합니다.' 얼마나 감격스러운가? 기쁨의 순간이 될 것이다.

당신은 책을 받아 책 소개를 시작한다. 책의 내용을 소개하고, 책을 쓰는 동안의 이야기, 책을 내고 나서의 느낌을 이야기한다. 출판기념회에서만 할 수 있는 귀한 이야기를 해보자.

하루의 시간이 모자랄 정도로 그 이야기는 많겠지만, 이제 독자가 책을 볼 수 있게 저자사인회를 할 시간이다. 특별한 이유가 있는 비매품이 아니라면 책값을 받길 권한다. 제값을 주고 산 책만이 책장 어느 구석에 꽂혀있다가 라면받침으로 사용되지 않기 때문이다. 당신은 한분 한분에게 성함을 묻고 정성으로 책을 구입해주심에 감사의 인사를 적는다. 물론 날짜와 사인을 빼먹지 말아야 할 것이다.

저자에게 직접 사인받은 책을 읽는 기분을 아는가? 저자사인회나 작가와의 만남 자리가 있으면 책을 사서 사인을 받곤 한다. 그러면 그 책을 읽을 때마다 저자와 직접 교감하는 특별한 느낌을 받기 때문이다. 어느 작가님은 한사람 사인하는 데 한참의 시간의 걸리기에 기다리기 지루했던 기억이 있다. 한참을 기다려 차례가 와서 보니 그 기다림이 행복이 되고 있었다. 정성 들여 자신의 캐릭터를 그림으로 그리고 내 이름 밑에 정성의 말들도 함께 써주었다. 그러니 어찌 그 책이 소중하지 않을까? 그래도 좀 간단히 사인하면 좋지 않냐는 질문에 "고마워서요. 내 책을 읽어주는 한분 한분이 모두 고마워서요."라고 답한다.

자자 사인회를 출판기념회의 마지막에 잡는 경우도 많은데, 출판기념회를 1부와 2부로 나눈다면 1부의 끝이 좋다. 1부가 저자와 책의 이야기라면 2부는 책과 독자의 이야기가 시작된다.

2부는 책 낭독회로 연다. 시집처럼 짧은 글이면 4~5명이 시를 낭송하면 좋다. 에세이나 소설도 일부분을 읽는 시간이 필요하다. 당신의 책이 독자의 목소리로 낭독되는 기쁨을 선물 받게 된다.

저자와 독자 모두에게 책이 스며든 후에 저자와의 대화가 시작한다. 독자의 느낌을 이야기하고 저자에게 궁금한 것을 묻기도 한다. 저자는 자신이 쓴 이야기를 공감해주는 독자를 만나게 될 것이다. 혹여 이때 비평하는 독자가 있다면 살짝 웃어주어라. 그러면 된다. 책을 읽고 느끼는 것은 그 독자의 몫으로 남겨두면 되는 것이다. 결말을 궁금해하는 독자에게는 반대로 질문을 해도 좋다. "독자님이라면 어떤 결말을 원하시나요?" 이렇게 저자와 독자는 책을 통해 연결될 수 있다.

출판기념회의 끝은 늘 아쉽다. 그 소통이 너무 좋아서 그 시간을 끌어안고 싶어지니 말이다. 이런 아쉬운 시간을 느꼈다면 저자도 독자도 행복한 출판기념회이지 않은가.

책의 가장 중요한 역할은 독자를 만나는 것이다. 내 속에 있던 것이 세상에 나오고, 세상에서 또 다른 영혼의 한 조각을 만나는 것이다. 그 누구라도 내 책을 100% 만족할 수는 없다. 그러나 그 많은 말 가운데 단 한 가지라도 독자에게 닿는다면 그것이야말로 '책의 삶'이다.

한 명의 독자는 책 속에서 자신의 이야기를 찾고 찾다가 그 길 끝에서 자신의 책을 마주하게 될 것이다.

초대장

당신의 출판기념회에 모실 분들께 초대장을 씁니다. 함께 공감하고 누릴 아름다운 첫 번째 독자를 상상해봅니다.

Today   .   .   .( ) Time   (am/pm)

인생을 바꾸는 책 쓰기 Day 071

Title:

_____

_____

_____

_____

_____

_____

_____

_____

_____

_____

Title:

_____

_____

_____

_____

_____

_____

_____

_____

_____

_____

_____

_____

Today   .   .   . (   ) Time   (am/pm)

인생을 바꾸는 책 쓰기 Day 073

Title:

_____

_____

_____

_____

_____

_____

_____

_____

_____

_____

Today   .   .   . (   ) Time   (am/pm)

인생을 바꾸는 책 쓰기 Day 074

Title:

Today   .   .   . (   ) Time   (am/pm)

인생을 바꾸는 책 쓰기 Day 075

Title:

_____

_____

_____

_____

_____

_____

_____

_____

_____

_____

_____

Today . . . ( ) Time (am/pm)

인생을 바꾸는 책 쓰기 Day 076

Title:

_____

_____

_____

_____

_____

_____

_____

_____

_____

_____

_____

Today   .   .   . (   ) Time   (am/pm)

인생을 바꾸는 책 쓰기 Day 077

Title:

Title:

_____

_____

_____

_____

_____

_____

_____

_____

_____

_____

_____

Today   .   .   . (   ) Time   (am/pm)

인생을 바꾸는 책 쓰기 Day 079

Title:

Title:

당당하게

글을 쓰다 보면 꽉 막힌 도로처럼 답답해질 때가 있다. 무엇을 어떻게 할지…… 이야기는 풀리지 않고 앞뒤가 맞지 않는 것 같고 심지어는 이런 글을 계속 써야 하나 의문이 생기기도 한다. 전업 작가조차도 이런 시간에 부딪히고 제각기 극복하는 방법을 가지고 있다고 한다. 어떤 작가는 원고지를 펼치고 처음부터 다시 쓴다고 한다. 심지어 39번을 다시 쓴 적이 있다고 한다. 그렇게까지 하지 않더라도 연휴에 꽉 막힌 고속도로에서 휴게소를 찾아 잠시 쉬어가는 것처럼 지금까지 쓰던 글을 처음부터 다시 읽어보라고 얘기하고 싶다. 다른 이가 쓴 글을 읽는 것처럼 가능하다면 소리 내어 읽어보면 좋다. 막힌 도로에서 샛길을 찾을 수 있을 것이다.

글이 전개될 때 숨은그림찾기에서 찾은 인생 단어를 넣

어보자. 새로운 배경을 설정해도 좋고 새로운 인물을 등장시켜도 좋다. 새로운 사건을 만들어도 좋다.

그리고 무엇보다 당당해지자. 이 책의 첫 독자는 저자인 바로 자신이다. 다른 누군가를 위하여 책을 쓰다 보면 막연해지기에 십상이다. 자기 자신을 위한 글을 쓰자. 오랫동안 글을 써온 유명한 작가는 인터뷰에서 아직도 글을 통해서 새로운 자신을 알게 된다고 말한다.

자신을 살피고 상상하고 바꾸는 것이 바로 '인생을 바꾸는 책 쓰기'이다.

Today   .   .   . (   ) Time   (am/pm)

인생을 바꾸는 책 쓰기 Day 081

Title:

_____

_____

_____

_____

_____

_____

_____

_____

_____

_____

Today   .   .   . (   ) Time   (am/pm)

인생을 바꾸는 책 쓰기 Day 082

Title:

Title:

Title:

Title:

_____

_____

_____

_____

_____

_____

_____

_____

_____

_____

_____

Title:

Title:

_____

_____

_____

_____

_____

_____

_____

_____

_____

_____

_____

Today   .   .   . (   ) Time   (am/pm)

인생을 바꾸는 책 쓰기 Day 088

Title:

_____

_____

_____

_____

_____

_____

_____

_____

_____

_____

_____

Title:

_____

_____

_____

_____

_____

_____

_____

_____

_____

_____

Title:

_____

_____

_____

_____

_____

_____

_____

_____

_____

_____

_____

작가라는 이름

그림을 그리는 동생은 하루도 빠지지 않고 작업실에서 그림을 그린다. 제법 알아주는 중견작가임에도 쉬지 않는 모습이 존경스럽다. 그림의 가격도 점점 높아져서 이젠 작품하나를 사기엔 부담스러운 정도다. 해마다 개인전이며 초대전이며 비엔날레에 새로운 작품을 선보인다.

"이젠 좀 천천히 해도 되지 않아?" 묻는 말에, 자신의 이름을 믿고 그림을 사준 사람들에게 성장하는 작가로 보답하고 싶다고 말한다.

작가라는 이름은 그런 책임감이 포함된 단어이다. 책을 낸 작가, 그것으로 끝나는 것이 아니라 책을 내고 더 성장하는 사람이 작가다.

Today   .   .   . (   ) Time   (am/pm)

인생을 바꾸는 책 쓰기 Day 091

Title:

Today　　.　　.　　. (　) Time　　　　(am/pm)

인생을 바꾸는 책 쓰기 Day 092

Title:

_____

_____

_____

_____

_____

_____

_____

_____

_____

_____

_____

Today   .   .   ( ) Time   (am/pm)

인생을 바꾸는 책 쓰기 Day 093

Title:

_____

_____

_____

_____

_____

_____

_____

_____

_____

_____

_____

Today   .   .   . (   ) Time   (am/pm)

인생을 바꾸는 책 쓰기 Day 094

Title:

Today   .   .   . (   ) Time   (am/pm)

인생을 바꾸는 책 쓰기 Day 095

Title:

Today . . . ( ) Time (am/pm)

인생을 바꾸는 책 쓰기 Day 096

Title:

Today   .   .   . (   ) Time   (am/pm)

인생을 바꾸는 책 쓰기 Day 097

Title:

_____

_____

_____

_____

_____

_____

_____

_____

_____

_____

_____

Title:

Today   .   .   . ( ) Time   (am/pm)

인생을 바꾸는 책 쓰기 Day 099

Title:

_____

_____

_____

_____

_____

_____

_____

_____

_____

_____

_____

_____

인생을 바꾸는 책 쓰기 Day 100

Title:

_____

_____

_____

_____

_____

_____

_____

_____

_____

_____

_____

이 책은 인생을 바꾸는 책 쓰기 100일을 완주한 당신의 책입니다.

사랑합니다.

멋진 당신의 결실을 축복합니다.

함께 만나서 책 이야기를 나누어요.

감사합니다.

인생을 바꾸는

책 쓰기

인 쇄 일　2022년 8월 30일
발 행 일　2022년 9월 10일

글 쓴 이　성수연
발 행 인　이문희
펴 낸 곳　도서출판 곰단지
출 판 등 록　2020년 12월 23일 제 2020-000020 호
주　　　소　경상남도 진주시 동부로 169번길 12 윙스타워 A동 1007호
전　　　화　070-7677-1622
F　A　X　070-7610-7107
전 자 우 편　gomdanjee@daum.net

I S B N　979-11-89773-40-3　03010